Giovanni Fasoli

Di "sole"... e di "nuovo"

Giovanni Fasoli

Di "sole"... e di "nuovo"

Meditazioni ForeverYoung

Edizioni Sant'Antonio

Cover image: www.ingimage.com

Publisher:
Edizioni Accademiche Italiane
is a trademark of
International Book Market Service Ltd., member of OmniScriptum Publishing Group
17 Meldrum Street, Beau Bassin 71504, Mauritius

Printed at: see last page
ISBN: 978-613-8-39149-4

Di “sole” e... di “nuovo”

Giovanni Fasoli

Meditazioni *forever* Young

Alzati,
rivestiti di luce,
Perché
Viene la tua luce [...]
Brilla
sopra di te...

Isaia 60, 1

Mille campane d'argento

C'era un tempio costruito su un'isola, a circa tre chilometri dal continente. In quel tempio c'erano mille campane d'argento, grandi e piccole. Campane forgiate dai migliori artigiani del mondo.

Ogni volta che il vento soffiava o c'era tempesta, le campane suonavano. Si diceva che chiunque ascoltasse quelle campane sarebbe stato illuminato e preso da una profonda esperienza di Dio.

Passarono i secoli, e l'isola sprofondò nell'oceano.

L'isola, il tempio e le campane. Si continuò però a tramandare la tradizione, secondo cui di tanto in tanto, quando le campane suonavano, chi avesse avuto il dono di sentirle, sarebbe stato trasportato fino a Dio.

Attratto dalla leggenda, un giovane intraprese un viaggio di molti chilometri fino ad arrivare al luogo dove, si diceva, molti anni prima stava il tempio. Si sedette al primo posticino all'ombra che trovò e si mise in atteggiamento di intenso ascolto per cogliere il suono di quelle campane.

Per quanto si sforzasse, tutto ciò che riuscì ad ascoltare fu il rumore delle onde che andavano a spezzarsi sulla spiaggia o che si infrangevano sugli scogli. Questo lo irritò, perché tentava di allontanare quel rumore per udire il suono delle campane.

Provò una settimana, quattro settimane, otto settimane... trascorsero tre mesi.

Quando stava per desistere, una notte sentì gli anziani del villaggio parlare della tradizione e delle persone che avevano ricevuto la grazia.

Il suo cuore si infiammò.

Ma sapeva che un cuore entusiasta non poteva sostituire il suono di quelle campane. Dopo aver tentato per sei o otto mesi, decise di lasciar perdere. Forse si trattava solo di una leggenda, forse la grazia non era riservata a lui.

Salutò le persone con cui aveva vissuto e andò alla spiaggia per accomiatarsi dall'albero che gli aveva dato ombra, dal mare e dal cielo.

Mentre stava lì, cominciò ad ascoltare il suono delle onde e scoprì per la prima volta che era un suono piacevole, rilassante; e il suono lo condusse al silenzio. E mentre il silenzio si faceva sempre più profondo, avvenne qualcosa.

Udì tintinnare una piccola campana. Si spaventò e pensò: "Deve trattarsi di una suggestione. Sto producendo io questo suono".

Di nuovo si mise ad ascoltare il rumore del mare, si rilassò e rimase in silenzio.

Il silenzio si fece più denso, e di nuovo udì il tintinnio di una campana.

Prima di spaventarsi, un'altra campana suonò e poi un'altra ed un'altra ed un'altra...

E poi una sinfonia di mille campane del tempio che suonavano all'unisono. Venne portato fuori di sé e ricevette la grazia dell'unione con Dio.

Nessuno?

Comunicare.

Messaggio di Sofia, dopo una chiacchierata breve dal Palazzetto all'Oratorio, nella quale mi aveva detto: «Mio fratello e io viviamo a casa nostra come degli estranei».

Studia all'università a Ferrara e molte cose nella sua vita stanno cambiando.

«Ciao don, sono la Sofy!

No, non mi ero dimenticata. Scusa ma come al solito sono persa nei miei pensieri.

Le cose che mi hai detto quella sera erano tutte giuste... non so ancora come fai sempre a prenderci!!!

Quando mi hai detto che io e mio fratello è come se a casa ci sentiamo "in più", è vero! Beh, forse non è proprio così, comunque io non mi trovo bene.

In quest'ultimo periodo sono stata male... anche perché non sono mai riuscita a dire ai miei che sono insieme a questo ragazzo (quello di Ferrara) anche dopo un anno e mezzo.

Lo so, non te l'ho mai detto...

Lo sai, con i miei non parlo mai di niente, non ci riesco. Con mio padre litigo sempre, è insopportabile... e poi le cose tra i miei non vanno molto bene.

Parlare con i miei è impossibile come al solito e non penso sia solo colpa mia. Adesso forse si sta aggiustando qualcosa, ma non so. Ne riparliamo la prossima volta che ci vediamo anche perché non sono brava a scrivere.

Grazie, a presto.

Sofia».

Chiaretta invece sta finendo il liceo ed è alle prese con l'impossibilità di comunicare su argomenti tipo amore-sesso.

«Mia madre fa battutine senza avere il coraggio di dirmi che ha capito che lo facciamo e senza esporsi, senza che io dalle sue parole possa concludere che lei pensa che facciamo l'amore.

E io faccio battutine senza negare quello che lei ha capito e senza ammettere di aver capito verso dove andavano le sue allusioni.

E così non comunichiamo per niente.

Bello... no?».

Samu vive un dolore intenso e anche un'empatia molto profonda ma non trova mai le parole per dirlo:

«Mia madre è in carrozzella da anni: le voglio bene, le sto vicino, ma con lei non parlo, ha già i suoi problemi senza che io le faccia carico dei miei.

Mio padre ultimamente si fa i fatti suoi, sembra che io sia scomparso dal suo orizzonte.

Sarà anche colpa mia: è che io non riesco più a comunicare con lui».

L'uomo è un essere di auto-trascendenza, uno che non sa stare dentro sé, uno che non è fatto per essere solo se stesso e non può fare a meno di comunicare; il suo trascendersi lo porta fuori, oltre se stesso.

Andare oltre me vuol dire mettere in comunione con qualcuno quello che sono.

Pascal afferma che "l'uomo supera infinitamente l'uomo".

Per questo va verso "il fuori": perché si supera, si auto-trascende, si mette in comunicazione con l'altro e con l'oltre.

> «La comunicazione interpersonale si basa essenzialmente su un complesso flusso di informazioni che le persone coinvolte nella relazione si scambiano tra di loro.
>
> La qualità e la quantità delle informazioni scambiate determinano le caratteristiche e l'esito della relazione.

Le posizioni più attuali in campo psicologico e psico-sociale sottolineano in modo chiaro lo stretto rapporto che esiste tra il modo in cui vengono gestiti i processi comunicativi ed il tipo di relazione che si instaura tra le persone...

Gestire efficacemente i processi comunicativi permette quindi l'instaurarsi di relazioni costruttive che diventano, a loro volta, occasione per la crescita e l'arricchimento reciproco» (Lucarini-Avidano, *Finestra dell'io finestra dell'altro*).

Scaturiscono diverse dimensioni del "comunicare".

→ 1. *Vedere* bellezza e fatica.

→ 2. *Stupirsi* gustare e gioire.

→ 3. *Contemplare* una Bellezza che ti parla.

→ 4. *Agire* come rischio e avventura

→ 5. *Ascoltare* e ascoltarsi

→ 6. *Ripartire* inter-agire ma non da soli

Ci sono livelli di comunicazione e di relazioni, deciderai tu dove posizionarti per dare un senso ai tuoi giorni che passano:

→ co-esistenza stare-con-gli-altri

→ pro-esistenza essere-per-gli-altri

→ in-esistenza vuoto-a-perdere

Lo strano percorso del nostro tempo è che uno su cinque non sa con chi parlare. Mentre siamo in contatto con tutti always on, all together in the world.

«Viviamo uno strano paradosso: nessuno può dirsi più solo, eppure tutti, in qualche misura, sentiamo e temiamo di esserlo.

Mai come oggi godiamo di un'incredibile abbondanza di strumenti per comunicare, eppure manchiamo dell'essenziale per dire e sentire.

I mezzi di comunicazione di massa ci governano, modificano i nostri comportamenti, entrano nella nostra quotidianità alterandone regole ed equilibri secolari, eppure non possiamo fingere di non accorgerci di quanto la nostra affettività si sia così profondamente desertificata.

Ce lo dimostra quell'autismo reciproco che sta paurosamente frapponendo la generazione dei giovani a quella degli adulti.

In una della più ricche ed evolute province italiane è stato recentemente calcolato che un ragazzo o una ragazza su cinque non sanno a chi rivolgersi quando stanno male: non un genitore, un insegnante, un prete, uno psicoterapeuta, un allenatore di calcio, un fidanzato, un amico.

Nessuno.

Eppure ognuno di quei giovani ha avuto dalla vita molto più di quanto le generazioni precedenti abbiano mai potuto possedere» (Paolo Crepet, *Solitudini. Memorie di assenze*).

Hai un genitore?

Hai un insegnante?

Hai un prete?

Hai un terapeuta?

Hai un allenatore?

Hai un fidanzato?

Hai un amico?

O non hai nessuno?

Manu non ha nessuno.

«Ciao don come va?

Avanzavi un cd, ed eccolo qua... [in ogni cd un foglietto, l'ultima volta mi aveva messo dentro un foglietto in più ed allora le avevo detto scherzando che mi doveva un cd senza foglietto per andare a pari con il conto] ma non ce l'ho fatta a non metterti il mio solito foglietto dentro, sono le uniche occasioni queste in cui posso raccontarti un po' di cose.

In questi giorni c'è stato un momento in cui mi sono sentita sola e l'unico modo per sfogarmi è scrivere a te.

Quel giorno ho guardato dentro di me, ho toccato posti molto dolorosi e ho aperto porte che pensavo fossero chiuse per sempre... ma è molto più difficile farlo qui a casa, in mezzo al tran tran di tutti i giorni, al lavoro, allo studio, al divertimento...

Non riesco più a trovare un momento libero per riflettere davvero su me stessa e trovare risposta alle domande fatte così tante volte. Sono comunque tornata molto più serena e fiduciosa in me stessa... ma è durato poco sai... ho combinato un altro casino dei miei, sono riuscita ad allontanare senza accorgermi di ferirlo, un amico a cui tengo molto e lui ora è deluso di me, pensava fossi diversa invece mi sta conoscendo solo ora... mi ha detto questo e di peggio, ed è lui che ha ferito me... forse se non vuole nemmeno ascoltarmi non era un amico sincero... ma io nei suoi confronti lo ero! Vedi che non me ne va mai una dritta?!».

Sembra un caos senza fine.
Un punto-di-non ritorno.
Di più… Sembra quasi un ritorno a Babele.
Tra benedizione (ricchezza) e maledizione (incomunicabilità).

Genesi 11, 1ss.

«Tutta la terra aveva una sola lingua e le stesse parole. Emigrando dall'oriente gli uomini capitarono in una pianura nel paese di Sennaar e vi si stabilirono. Si dissero l'un l'altro: "Venite, facciamo mattoni e cuociamoli al fuoco". Il mattone servì loro da pietra e il bitume da cemento.

Poi dissero: “Venite, costruiamoci una città ed una torre, la cui cima tocchi il cielo e facciamoci un nome, per non disperderci su tutta la terra”.

Ma il Signore scese a vedere la città e la torre che gli uomini stavano costruendo.

Il Signore disse: “Ecco, essi sono un solo popolo e hanno tutti una lingua sola; questo è l'inizio della loro opera e ora quanto avranno in progetto di fare non sarà loro impossibile. Scendiamo dunque e confondiamo la loro lingua, perché non comprendano più l'uno la lingua dell'altro”.

Il Signore li disperse di là su tutta la terra ed essi cessarono di costruire la città. Per questo la si chiamò Babele, perché là il Signore confuse la lingua di tutta la terra e di là il Signore li disperse su tutta la terra».

In queste pagine il nostro viaggio sarà scandito da alcuni passaggi. Alcune parole, poesie, canzoni, video esperienze

Faremo insieme un percorso, come un viaggio dentro il quale ci accompagneranno alcuni elementi/strumenti:

→ poesie [un ragazzo mi ha regalato le sue poesie dicendomi: «Tra me e Dio c'è stato questo»];

→ testi di canzoni;

→ sequenze di film;

→ incontri di quarto tipo [livello profondità];

→ lettere dal “sottosuolo”.

Solo pelle?

Vedere.

Scivolavo
colori suoni di superficie
solo pelle

Trascinato
andata senza ritorno
ritorni senza luci d'alba
corse in faccia al vento
solo pelle
cuore mai

Oltre i tramonti
oltre le parole
sotto la superficie
sotto la pelle
altra dimensione
di andata e ritorno

Solo pelle?

«"Addio", disse la volpe. "Ecco il mio segreto. È molto semplice: non si vede bene che col cuore. L'essenziale è invisibile agli occhi".

"L'essenziale è invisibile agli occhi", ripeté il piccolo principe, per ricordarselo. "È il tempo che tu hai perduto per la tua rosa che ha fatto la tua rosa così importante".

“È il tempo che ho perduto per la mia rosa...”, sussurrò il piccolo principe per ricordarselo. “Gli uomini hanno dimenticato questa verità. Ma tu non la devi dimenticare.

Tu diventi responsabile per sempre di quello che hai addomesticato. Tu sei responsabile della tua rosa...”» (*Il piccolo principe*).

Esiste dentro il cuore dell’uomo una rondine. Un aggancio all’invisibile.

La rondine dell’anima. Non visibile agli occhi del corpo. Che non si identifica con il corpo.

Il grido verso un tu.

La voglia di comunicare con qualcuno.

Oltre la mia storia.

Oltre la mia ansia.

Oltre la mia pelle. Un “ti vorrei” che mi porta verso un altrove. Verso un alter-ego. Verso il volto di un altro.

«Ti vorrei, ti vorrei, come sempre ti vorrei, notte farà, mi penserai? Ma tu che ne sai dei sogni, quelli sono miei, non li vendo. Che ne sai, che ne sai, chissà che mi scriverai forse un addio o forse no. Ma tu che ne sai dei sogni?

Nonostante tu sia la mia rondine andata via, sei il mio volo a metà, sei il mio passo nel vuoto. Dove sei, dove sei, dove sei, dove sei, dove sei, unico amore che rivivrei. Sai di vento del nord, sai di buono ma non di noi, stessa luna a metà, sei nel cielo sbagliato.

Non lo so, non lo so quanto tempo ammazzerò, mio libro mio non ti leggerò, baciandoti sulla bocca, lo scriverò un’altra volta.

Nonostante tu sia la mia rondine andata via, sei il mio volo a metà, sei il mio passo nel vuoto. Dove sei, dove sei, dove sei, dove sei, dove sei, unico amore che rivivrei. Sai di vento del nord, sai di buono ma non di noi, stessa luna a metà, sei nel cielo sbagliato.

Nonostante tu sia la mia rondine andata via, stessa luna a metà, sei nel cielo sbagliato» (Mango, *La rondine*).

Apertura ad un tu. Desiderio dell'Altro.

Desiderio uomo-donna.

Desiderio donna-uomo.

Desiderio tu-uomo, tu-Altro.

Un discorso sulla pelle.

Un discorso umano, di apertura umana.

Di comunicabilità umana.

Il grido che abita questa generazione è un seme per il futuro, la certezza che non tutto è perduto. Una generazione che vive tra il sogno e la veglia viene svegliata dalla spinta ad andare oltre lo stretto confine della pelle:

«Questa strana generazione vive tra il sonno e la veglia. Ha in mano la terra del passato ed i semi del futuro» (K. Gibran, *Le ali spezzate*).

Sto facendo un Training con le ragazze di una squadra di pallavolo e stiamo parlando della percezione di sé.

Ad un certo punto arriva Giulia che da tutti è ritenuta la ragazza più bella della squadra e mi dice: «Io mi vedo brutta. Mi sento brutta. Quello che penso di me è che sono brutta».

Giulia non vede l'invisibile.

Dentro Giulia si è spenta la rondine. Non vola più.

Quel movimento del cuore che va oltre la pelle, oltre il confine, oltre la materia. La rondine dell'anima

«Nel fondo profondo, dentro il corpo, lì abita l'anima.

Nessuno ancora l'ha vista eppure tutti sanno che esiste. E mai, mai è nato alcun uomo senza che per lui un'anima ci fosse.

Così l'anima si annida dentro di noi nel momento stesso in cui veniamo al mondo. E non ci abbandona, non una sola volta finché siamo vivi.

Come l'aria che l'uomo respira dal momento in cui nasce fino al momento in cui se ne va«» (Michal Snunit, *La rondine dell'anima*).

Riccardo è un ragazzo che fa il tecnico informatico dentro una scuola superiore. Ci pensa lui dalla cabina a maneggiare gli strumenti nel mio intervento con i ragazzi di tutte le classi. Passo in quella scuola tutti i giorni di un'intera settimana. Un giorno lui in cabina di regia non c'è e vado io a far partire tutto. Mi scivola l'occhio su quello che sta leggendo nei momenti liberi. Un articolo con la mappa delle zone del piacere: tipo geo-sessualità, come far felice una donna.

Su quale livello.

Il livello della pelle.

Riccardo sai che esiste anche una dimensione oltre la pelle?

Forse…

Abbiamo perso profondità.

Abbiamo perso l'accesso, la connessione alla quarta dimensione.

Abbiamo solo tanta fretta.

Non andiamo più verso il profondo.

«"Buon giorno", disse il piccolo principe. "Buon giorno", disse il controllore. "Che cosa fai qui?", domandò il piccolo principe. "Smisto i viaggiatori a mazzi di mille", disse il controllore. "Spedisco i treni che li trasportano, a volte a destra, a volte a sinistra". E un rapido illuminato, rombando come il tuono, fece tremare la cabina del controllore.

"Hanno tutti fretta", disse il piccolo principe. "Che cosa cercano?" "Lo stesso macchinista lo ignora", disse il controllore. Un secondo rapido illuminato sfrecciò nel senso opposto. "Ritornano di già?" domandò il piccolo principe. "Non sono gli stessi", disse il controllore.

"È uno scambio".

"Non erano contenti là dove stavano?". "Non si è mai contenti dove si sta", disse il controllore. E rombò il tuono di un terzo rapido illuminato.

"Inseguono i primi viaggiatori?", domandò il piccolo principe. "Non inseguono nulla", disse il controllore. "Dormono là dentro, o sbadigliano tutt'al più. Solamente i bambini schiacciano il naso contro i vetri. Quelli sì, che sono fortunati", disse il controllore» (*Il piccolo principe*).

Dormiamo.

Sbadigliamo.

Non schiacciamo più il naso contro i vetri.

Non viviamo più incontri ravvicinati di quarto tipo.

Non abbiamo accesso alla spiritualità.

Non abbiamo accesso alla fantasia.

Si è fermata la giostra.

Collegio di Welton, Vermont 1959.

https://www.youtube.com/watch?v=gddhz1X3jXA

Il professor Keating, nuovo insegnante di letteratura, infrange le austere regole accademiche improntate a "tradizione, disciplina, eccellenza e onore", per educare i propri allievi all'anticonformismo e al libero pensiero attraverso la poesia.

Alcuni studenti mettono in pratica il suo insegnamento e si ribellano al conformismo delle autorità...

Vedono il mondo da un altro punto di vista.

Nuovo punto di vista sulla realtà.

Colpi di sonda sempre più in profondità.

Supplementi di anima.

Per gli uomini che si fanno viaggi strani, vanno di qui, vanno di là e non si sa mai dove trovarli.

«Il piccolo principe traversò il deserto e non incontrò che un fiore.

Un fiore a tre petali, un piccolo fiore da niente... "Buon giorno", disse il piccolo principe. "Buon giorno", disse il fiore. "Dove sono gli uomini?", domandò gentilmente il piccolo principe.

Un giorno il fiore aveva visto passare una carovana: “Gli uomini? Ne esistono, credo, sei o sette.

Li ho visti molti anni fa.

Non si sa mai dove trovarli.

Il vento li spinge qua e là.

Non hanno radici, e questo li imbarazza molto”. “Addio”, disse il piccolo principe. “Addio”, disse il fiore» (*Il piccolo principe*).

A volte si trovano dentro situazioni pazzesche dove la pelle ti soffoca.

Ti annulla.

«Mi trovo in una situazione che è pazzesca. Sto assieme a Paolo ormai da un anno, esco con lui tutte le sere, faccio sesso con lui praticamente tutte le sere... Lui vuole il mio corpo, io glielo dò perché non ho altra scelte, perché sono fragile e non riesco a dire di no, perché il perché non lo so nemmeno individuare.

Mi ha fatto perdere la testa, ho abbandonato la scuola, sto facendo un lavoro che mi pagano da schifo... ma ho sempre Marco nella testa.

So che lo sto prendendo in giro, so che sto prendendo in giro me stessa prima di tutto, mi sento sporca da morire, eppure non riesco a fare niente per cambiare, mi trovo assolutamente fragile ed assolutamente indifesa, mi faccio schifo, ma è già un anno che non riesco ad uscire da questa situazione che anzi diventa sempre più incasinata.

Non ci capisco proprio più niente».

Per tornare a capire qualcosa possiamo tornare a vedere l’invisibile, almeno a desiderarlo.

Il nostro viaggio è l’invisibile.

«Il vero viaggio di scoperta non si fa nel cercare nuove terre, ma nell’avere nuovi occhi» (Marcel Proust).

Il desiderio dell'invisibile.

Quello che ha sperimentato qualche anno fa Roul Bova, a contatto diretto con l'anima attraverso la figura di san Francesco di Assisi.

«Per Francesco ho perso quasi 17 chili, ma non perché volessi somigliargli fisicamente. L'ho fatto per capire che cosa si prova quando il corpo è digiuno.

Qualche volta ti muovi con lentezza, altre volte qualcosa in te si scatena e ti viene da piangere forte, o da ridere forte. E, comunque, l'assenza di cibo ti mette a contatto diretto con la tua anima: è questo che mi interessava...

Camminare a piedi scalzi sulla neve e sulle pietre, cantare e ballare, oppure semplicemente fermarsi da essere umano che se ne sta lì, ad occhi chiusi, ad ascoltare il vento e quello che il vento gli porta, a sentire il profumo dei fiori e della pioggia...

Lo so che nessuno può davvero "interpretare" Francesco, non solo nelle sue sembianze ma soprattutto nel suo volare alto.

Ma è importante camminare lungo il suo percorso, la sua dedizione totale alla ricerca di Dio, la sua libertà interiore, il suo trovare bellezza in tutte le creature del mondo».

Ci sono alcuni momenti nei quali per "vedere" ci dobbiamo fermare. Il fermarsi ed il vedere sono strettamente collegati. Ci fermiamo per aspettare l'anima.

«Nel film Al di là delle nuvole di Michelangelo Antonioni un episodio racconta di una spedizione di archeologi in Messico. Ad un certo punto i portatori si arrestano, rifiutandosi di progredire, e alle sollecitazioni così rispondono: "Abbiamo camminato troppo in fretta.Ora ci fermiamo per aspettare l'anima"» (Giacomo Dacquino, *Credere e amare*).

Di cosa possiamo vivere?

Il poeta tedesco Rilke abitò per un certo periodo a Parigi. Per andare all'Università percorreva ogni giorno, in compagnia di una sua amica francese, una strada molto frequentata.

Un angolo di questa era permanentemente occupato da una mendicante che chiedeva l'elemosina ai passanti.

La donna sedeva sempre allo stesso posto, immobile come una statua, con la mano tesa e gli occhi fissi al suolo. Rilke non le dava mai nulla, mentre la sua compagna le donava spesso qualche moneta.

Un giorno la giovane francese, meravigliata domandò al poeta: "Ma perché non dai mai nulla a quella poveretta?". "Dovremmo regalare qualcosa al suo cuore, non alle sue mani", rispose il poeta.

Il giorno dopo, Rilke arrivò con una splendida rosa appena sbocciata, la depose nella mano della mendicante e fece l'atto di andarsene. Allora accadde qualcosa di inatteso: la mendicante alzò gli occhi, guardò il poeta, si sollevò a stento da terra, prese la mano dell'uomo e la baciò. Poi se ne andò stringendo la rosa al seno.

Per una intera settimana nessuno la vide più. Ma otto giorni dopo, la mendicante era di nuovo seduta nel solito angolo della via. Silenziosa ed immobile come sempre. "Di che cosa avrà vissuto in tutti questi giorni in cui non ha ricevuto nulla?", chiese la giovane francese.

"Della rosa", rispose il poeta.

Vivere della rosa.

Dare qualcosa al nostro cuore.

Non solo alle nostre mani.

Regalarci "incontri ravvicinati del quarto tipo".

Altezza.

Larghezza.

Lunghezza.

Profondità.

Incontri sul profondo.

Giovanni 9, 1ss

«Passando vide un uomo cieco dalla nascita e i suoi discepoli lo interrogarono: "Rabbì, chi ha peccato, lui o i suoi genitori, perché egli nascesse cieco?". Rispose Gesù: "Né lui ha peccato, né i suoi genitori, ma è così perché si manifestassero in lui le opere di Dio. Dobbiamo compiere le opere di colui che mi ha mandato finché è giorno, poi viene la notte, quando nessuno può più operare. Finché sono al mondo, sono la luce del mondo". Detto questo sputò per terra, fece del fango con la saliva, spalmò il fango sugli occhi del cieco e gli disse: "Va' a lavarti nella piscina di Siloe (che significa Inviato)". Quegli andò, si lavò e tornò che ci vedeva» (Giovanni 9, 1-7).

Andò.

Si lavò.

Tornò che ci vedeva.

Vedeva l'oltre...

Per fare questo abbiamo bisogno di "tornare nel deserto".

Torniamo nel deserto ed apriamo il cuore al desiderio. Magari ci si aprirà la possibilità di tornare a vedere

«"Il deserto è bello", soggiunse. Ed era vero.

Mi è sempre piaciuto il deserto. Ci si siede su una duna di sabbia.

Non si vede nulla.

Non si sente nulla. E tuttavia qualche cosa risplende in silenzio... "Ciò che abbellisce il deserto", disse il piccolo principe, "è che nasconde un pozzo in qualche luogo..."» (*Il piccolo principe*).

Ti vorrei

Ti vorrei Dio

vorrei pensarti
ogni giorno

vorrei amarti
ogni giorno

vorrei incontrarti
ogni giorno

vorrei cercarti
ogni giorno

vorrei ascoltarti
ogni giorno

vorrei che tu faccia
lo stesso con me.

Nasce

Stupirsi.

Mani di tessitore
poesia di cieli e terre
poesia di silenzi
scorrere di momenti

Occhi di tessitore
e guardi noi frugare il futuro
passi incerti
poesia di ricordi
memorie e riflessi

Sorriso di tessitore
e raccogli
e scruti
e impasti
e regali il respiro

In questa poesia:
della vita

Una sera in una palestra, non so con quale canzone avviare l'incontro per i giovani.

Provo questa – così… a caso.

Ci troviamo vicino a Roma. Nella campagna, nella periferia. E vado di istinto.

«Io non so se mai si avvererà uno di quei sogni che uno fa, come questo che non riesco a togliere dal cuore da quando c'è. Forse anche questo resterà uno di quei sogni che uno fa anche questo che sto mettendo dentro a una canzone ma già che c'è, intanto che c'è, continuerò a sognare ancora un po'.

Sarà, sarà, l'aurora, per me sarà così; come uscire fuori, come respirare un'aria nuova, sempre di più. E tu e tu amore, vedrai che presto tornerai, dove adesso non ci sei.

Forse un giorno tutto cambierà, più sereno intorno si vedrà, voglio dire che forse andranno a posto tante cose, ecco perché, ecco perché continuerò a sognare ancora un po' uno dei sogni miei. Quello che c'è in fondo al cuore non muore mai, se ci hai creduto una volta lo rifarai, se ci hai creduto davvero come ci ho creduto io... io.

Sarà, sarà, l'aurora, per me sarà così; sarà, sarà di più ancora, tutto il chiaro che farà. Sarà, sarà l'aurora, per me sarà così. Sarà, sarà di più ancora, tutto il chiaro che farà».

Sono legato affettivamente a questa canzone perché ad un certo punto una mano tira giù il "generale" delle luci della palestra.

Il buio.

Gli accendini.

L'emozione di un gruppo che canta.

Quella palestra piena di ragazzi raccolti dal bar, nei giardinetti cartine bianche dappertutto.

Non si erano mossi né emozionati per niente.

Piangevano tutti.

Anche la suora anziana che il giorno dopo dice alla sua Superiora: "Non mi ero mai emozionata in questo modo dalla prima professione".

Ma perché?

Perché questa canzona racconta un'aurora.

Perché questa canzone racconta una nascita.

Lo stupore della nascita.

Stupirsi di una nascita.

Stupirsi per la vita.

Vedere.

Stupirsi: gioire, gustare.

Il viaggio verso la luce.

Uno straordinario viaggio verso la luce.

Due semplici parole al centro: vita e stupore.

Forse abbiamo perso la capacità di stupirci di fronte alla vita. Vogliamo recuperarla.

Anche i dati scientifici posso aiutarci, ma vorremmo intraprendere un approccio esistenziale di fronte all'imprevedibile miracolo della vita.

Aristotele parla della "meraviglia" come dell'inizio del pensiero occidentale. Potremmo estendere il concetto e dire che chi non si meraviglia non pensa.

Per qualche mese ho tenuto un progetto in alcuni licei su questo video del Centro Aiuto Vita che fa pensare tanto:

https://www.youtube.com/watch?v=xLMDoqdSz9A.

Parla dei primi mesi di vita del feto umano con delle immagini bellissime.

In modo particolare dei primi 266 giorni.

Lasciavo andare il video con alcuni STOP da parte mia per fare un commento e che qui vorrei riprendere. Se ti guardi il video mi segui meglio…

→ Stop al primo istante di vita: è come un Big-Bang.

→ Stop all'ovulo fecondato che scende nel canale dell'utero: la "pillola del giorno dopo" impedisce l'annidamento dell'ovulo fecondato.

→ Stop al cuore. Ascoltare il battito del cuore è sempre qualcosa di emozionante.

Stop sull'ovulo fecondato che scende nell'utero.

→ Il tipo di azione svolta dalla pillola anti-concezionale: la falsa gravidanza.

→ Il tipo di azione della pillola del giorno dopo: micro-abortiva.

E parte un flash-back su alcuni momento della mia vita.

→ I singhiozzi della ragazza che ha preso la "pillola del giorno dopo" e al mattino va al pronto soccorso camminando sulla neve e la sua disperazione: "Ho ucciso mio figlio". Io cerco di calmarla. E lei parla del 99, 9%: "Anche se non ci fosse stato, io in realtà ho inteso eliminare quello che c'era; ed è come se l'avessi fatto".

→ Il ragazzo che entra in farmacia perché il preservativo - nell'incontro con la sua ragazza la notte precedente - si é bucato.

→ Sullo stop del cuore, le parole di una adolescente rimasta incinta: "Chi ero io per impedire a quel cuore di battere? Per sentirmi viva avevo bisogno di sentire che lei era viva dentro di me". Poi in una baita di montagna nel cuore della notte: "Spegni la luce, devo dire una cosa. Io ho vissuto già abbastanza ed ho provato tante emozioni forti. Nessuna emozione può stare alla pari di quella che ho provato quando ho sentito per la prima volta il battito del cuore di Veronika".

→ Dopo aver visto per 100 volte quel filmato una persona che mi accompagnava nel progetto mi guarda e mi dice: "Per sei volte ho ascoltato il battito di quel cuore e per sei volte non ho potuto vedere il volto di mio figlio. Non sono mai riuscita a portare a termine la gravidanza. Il desiderio più prepotente che rimane dentro di me è quello di riuscire a dare un volto alle pulsazioni di quel cuore…".

→ Stop sul terzo mese: la legge italiana permette l'interruzione volontaria di gravidanza, l'aborto, entro il terzo mese: le immagini si commentano da sole. Se mi stai seguendo in questo breve viaggio fermati un attimo a guardare le immagini e a lasciarti stupire.

→ Stop sull'immagine dei cinque mesi. Guarda le immagini. Non voleva essere una provocazione di tipo-morale e nemmeno di tipo-scientifico, ma una presentazione di tipo-esistenziale, che ci coinvolgesse come "persone pensanti".

"38 settimane. È il tempo che occorre ad una cellula invisibile per trasformarsi da progetto ad essere umano completo. Capace di provare emozioni e di rispondere alla mamma. Uno straordinario viaggio verso la luce…".

Reagisci come…

→ Jessika - stupìta - di quello che "avviene dentro di me".

→ Luca: "Ho capito la responsabilità enorme di ogni gesto di amore. Non si tratta solo di passione, di sesso, di piacere, di una botta e via, di un mordi e fuggi. Si tratta di un gesto carico di conseguenze".

→ Una professoressa di religione: "Per la prima volta non ero alle spalle: troppo forti le reazioni sui volti delle ragazze, reazioni di gioia e di stupore di fronte alle splendide immagini che scorrevano sul video. Negli occhi dei ragazzi l'interesse di chi vuole capire a fondo e divora ogni immagine/parola".

Terminiamo con un fatto di cronaca che ormai appartiene alla storia. La cronaca non è scienza e non è morale, è vita che si manifesta nelle nostre strade.

"Dopo 1600 aborti sono crollato"

Lo sguardo della mamma che osserva il suo bambino appena nato posto sul suo addome, al termine della fatica, non riesce proprio a toglierselo dalla testa. «Non mi è mai capitato in 9 anni di lavoro di sentire una sola donna dire "che schifo", malgrado il bambino sia ancora sporco di sangue e liquido amniotico». Salvatore Piscopo, 32 anni, ostetrico presso la divisione di ostetricia e ginecologia dell'istituto materno infantile di Palermo, ha riscoperto l'emozione della nascita, dopo troppi anni trascorsi a praticare interruzioni volontarie di gravidanza con un "cucchiaio" in mano, «perché in quel campo il posto si trovava più facilmente».

«In quegli anni pensavo: "Questo lavoro qualcuno lo deve pur fare". Allora io credevo così. Perché alcune volte l'interruzione della gravidanza mi sembrava una soluzione necessaria. Quando ci si trova di fronte a feti malformati, destinati ad una vita da infelici, oppure quando i problemi economici creano difficoltà insormontabili...

Un giorno di 4 anni fa, mentre stavo archiviando le schede delle interruzioni volontarie della gravidanza, mi accorsi di una realtà sconvolgente: in un anno avevo praticato 4000 aborti, 1600 in 4 anni. Era come se avessi sterminato un paese. Subito dopo sono stato assunto a Gela, dove ho fatto per la prima volta l'esperienza della sala parto ed il primo vagito mi ha segnato profondamente...

Poco tempo fa ho temuto che un neonato mi morisse fra le braccia. Aveva una sofferenza fetale acuta. Prima ha pianto e poi non ha vagito più, bloccato da un arresto cardiaco. Il pediatra non arrivava e ho dovuto fare tutto da solo.

Ma, quando credevo che fosse ormai morto e avevo deciso di fermarmi, è arrivato il medico che ha continuato il massaggio cardiaco.

Il bambino ora è vivo...

La nascita del mio Eugenio, che oggi ha due anni, mi ha fatto cambiare radicalmente idea e mi ha regalato un modo diverso di guardare alla vita.

Non lo rifarei più» (Avvenire 060200).

Tu ci scruti

Signore, tu ci scruti e ci conosci.
Tu entri nei nostri più nascosti pensieri;
sai anche le strade dei nostri desideri
e le parole non ancora pronunciate.

Dove potremo nasconderci da te?
Come sfuggire alla tua presenza?
Ai confini del mondo e nello spazio
ti troveremmo più presente, più vicino, più dentro.

Ma tu ci vuoi bene, perché ci hai tessuto
fibra per fibra, nel grembo di nostra madre.
Prima di ogni altro tu ci hai visto germogliare
e ci hai sorriso nel condurci alla vita.

Allora guardaci, Signore, e scrutaci;
entra nel fondo dei nostri pensieri.
Il tuo sguardo ci illumini e ci dia gioia.
Non lasciarci, Signore, separati da te.

Cherofobia…

Contemplare

La domanda

Da abisso ad abisso
tra silenzio e silenzi
tumulto dei pensieri
la domanda

Notti buie
di desiderio
strade colme
di futuro
nel vegliare insonne
sullo scaturire del tempo
la domanda

Nelle gioie
nei momenti solari
colmi di progetto
rinasce la domanda

Risale la domanda:
brucia pelle e cuore

Parlami!

È la domanda. Che portiamo dentro. Il desiderio. La pretesa.

Dialogo uomo-terra. Dialogo uomo-uomo. Dialogo uomo-donna. Dialogo uomo-Dio.

Luce e tramonti così…

«Parlami come il vento fra gli alberi.

Parlami come il cielo con la sua terra.

Non ho difese ma ho scelto di essere libera.

Adesso è la verità l'unica cosa che conta.

Dimmi se farai qualcosa, se mi stai sentendo, avrai cura di tutto quello che ti ho dato.

Dimmi.

Siamo nella stessa lacrima, come un sole e una stella, luce che cade dagli occhi, sui tramonti della mia terra, su nuovi giorni.

Ascoltami, ora so piangere,
so che ho bisogno di te,
non ho mai saputo fingere.

Ti sento vicino, il respiro non mente, in tanto dolore, niente di sbagliato, niente, niente...

Siamo nella stessa lacrima, come un sole e una stella, luce che cade dagli occhi, sui tramonti della mia terra, su nuovi giorni in una lacrima, come un sole e una stella, luce che cade dagli occhi sui tramonti della mia terra, su nuovi giorni.

Il sole mi parla di te...
mi stai ascoltando?
Ora.
La luna mi parla di te...
avrò cura di tutto quello che mi hai dato...

Anche se dentro una lacrima, come un sole e una stella, luce che cade dagli occhi, sui tramonti della mia terra, su nuovi giorni in una lacrima, come un sole e una stella, siamo luce che cade dagli occhi sui tramonti della mia terra, su nuovi giorni.

Su nuovi giorni.
Ascoltami. Ascoltami.
Ascoltami. Ascoltami.
Ascoltami. Ascoltami.

Ascoltati.

Così Elisa, in *Luce (e tramonti a nord-est)*
https://www.youtube.com/watch?v=tPwqOWK6EFw

Siamo alla ricerca disperata di una riposta che non sia parziale.
Siamo come il vento tra gli alberi.
Come il lupo della steppa.

«C'era una volta un tale di nome, detto "il lupo della steppa". Camminava con due gambe, portava abiti ed era un uomo, ma, a rigore, era un lupo. Aveva imparato parecchio di quello che possono imparare gli uomini dotati di intelligenza, ed era uomo piuttosto savio.

Ma una cosa non aveva imparato: ad essere contento di sé e della sua vita.

Non ci riusciva, era un uomo scontento. Ciò dipendeva probabilmente dal fatto che in fondo al cuore sapeva (o credeva di sapere) di non essere veramente un uomo, ma un lupo venuto dalla steppa» (H. Hesse, *Il lupo della steppa*).

«Ci sono molti santi che furono prima gran peccatori, anche il peccato può essere una via verso la santità, anche il peccato ed il vizio. Ti verrà da ridere, ma io penso spesso che forse anche nel mio amico Pablo può celarsi un santo. Pensa, Harry, attraverso quante porcherie e scempiaggini dobbiamo passare per arrivare a casa!

E non abbiamo nessuno che ci guidi, unica nostra guida è la nostalgia» (dialogo con Erminia — *Il lupo della steppa*).

Come il lupo della steppa.
Che desidera ma è incapace di gioire.
Sempre con la domanda aperta, ma sempre chiuso nella sua “cherofobia”.

Il lupo nella steppa è un personaggio creato da Hermann Hesse, forse è lui stesso. Un soggetto che prova disagio di fronte alla volgarità e alla massificazione della società moderna, che ricerca valori più elevati, che tenta di farlo attraverso la forza liberatrice degli impulsi primordiali, il rimettersi in gioco da zero per partire con una nuova consapevolezza.

Uno dei romanzi più “radicali” ed affascinanti di Hermann Hesse, pubblicato nel 1927 in un’Europa in cui i regimi totalitari si vanno moltiplicando (in Italia il fascismo è già al potere, mentre in Germania si va affermando il nazismo).

Tengo a questo romanzo perché me l’ha fatto conoscere Ale, una ragazza di un liceo di Varese che rimaneva per ore a pensare e navigare sul livello del profondo.

Il protagonista, Harry Haller (un personaggio molto vicino al suo autore per l’aspetto, l'età e perfino per le iniziali del nome), vive bloccato in una condizione di impotente infelicità generata da un insanabile dissidio interiore tra l’ “uomo” – cioè tutto quello che ha in sé di spirituale, di sublimato o per lo meno di culturale – ed il “lupo” – cioè tutto ciò che ha di istintivo, di selvatico e di caotico – e si è chiuso in un isolamento quasi totale rispetto al mondo meschino e privo di spirito in cui vive, arrivando ad un passo dal suicidio.

Successivamente però Harry viene “rieducato” alla vita comune, quella di tutti, da una donna incolta ma esperta ed intelligente e trova una via che gli consente di intuire meglio quali sono le “non-regole” dell’assurdo gioco della vita e come ricominciare a giocarlo.

Il romanzo è anche una beffarda satira della Germania di Weimar, ma l’autore stesso ha sentito la necessità di precisare che «...la storia del lupo della steppa rappresenta, sì, una malattia e una crisi, ma non verso la morte, non un tramonto, bensì il contrario: una guarigione».

Una cherofobia ma non verso il nulla?

Non verso il vuoto.

Verso il pieno.

Verso la “traccia divina”.

«Se non che io sono purtroppo fatto così, non sopporto questa contentezza, che dopo un po’ mi diventa odiosa e insopportabile e ributtante, e devo rifugiarmi disperato in altre atmosfere, possibilmente passando per le vie del piacere, ma in caso di bisogno, anche per le vie del dolore.

Quando sono stato per un po’ senza piaceri e senza dolori e ho respirato l’insipida sopportabilità delle così dette buone giornate, la mia anima infantile è talmente agitata dal vento della miseria che prende la lira arrugginita della gratitudine e la scaglio in faccia al sonnacchioso e soddisfatto dio della contentezza e preferisco sentirmi ardere da un dolore diabolico piuttosto che vivere in questa temperatura sana.

Allora avvampa dentro di me un desiderio selvaggio di sentimenti forti, spettacolari, un a rabbia contro questa vita piatta, sfumata, normale e sterilizzata, e una voglia folle di fracassare qualche cosa, non so, un magazzino o una cattedrale o me stesso, di commettere pazzie temerarie, di strappare la parrucca ad un paio di idoli venerati, di fornire a qualche scolaro ribelle il desiderato biglietto ferroviario per Amburgo...

Questo infatti ho più che mai odiato, aborrito e maledetto: questa soddisfazione, la salute pacifica, il grasso ottimismo del borghese; la prospera disciplina dell'uomo mediocre, normale, dozzinale» (*Il lupo della steppa*).

L'ansiosa ricerca di gioia (tra gioia e piacere). È fame: è domanda.

Claudio, 25 anni: arrivi e ricerche mai finite. Mi ha raccontato del suo lavoro con internet: vende biglietti da visita su cd tagliati: masterizzati o no a seconda delle ordinazioni che riceve. Non ha un negozio, non ha una ditta: c'è solo lui ed il computer: riceve l'ordinazione, ordina i cd dal Giappone, li masterizza o li stampa e li spedisce tramite corriere. Ordinazioni e tutto il resto via internet. Gli dico: – Certo che ci pensavo ieri che il tuo è un lavoro invidiabile. Praticamente non fai niente e prendi qualcosa tra i tremila ed i settemila euro al mese. E standotene a casa seduto davanti alla scrivania o al massimo al masterizzatore. – È vero, ma guarda che non sono contento lo stesso.

"Non sono contento lo stesso".
Cherofobia.

«È difficile trovare la traccia divina in mezzo alla vita che facciamo, in questo tempo così soddisfatto, così borghese, così privo di spirito, alla vista di queste architetture, di questi negozi, di questa politica, di questi uomini! Come potrei non essere un lupo della steppa, un sordido anacoreta in un mondo del quale non condivido alcuna méta, delle cui gioie non vi è alcuna che mi arrida?

Non resisto a lungo né in un teatro né in un cinema, non riesco quasi a leggere il giornale, leggo raramente un libro... sono io il pazzo, il vero lupo della steppa, come mi chiamai più volte, l'anima sperduta in un mondo a lui estraneo e incomprensibile, che non trova più la patria, l'aria, il nutrimento» (*Il lupo della steppa*).

Matrix.

"Zitto e ascolta".

https://www.youtube.com/watch?v=XueVNc4XmQA

La domanda come chiodo fisso…

Matrix è la storia della resistenza di un gruppo di uomini che lottano contro la dittatura mondiale imposta dalle macchine in un lontano futuro. Tali macchine coltivano gli esseri umani per utilizzarli come batterie biologiche da cui trarre l'energia necessaria al loro mantenimento. Per fare in modo che gli esseri umani non si ribellino li fanno vivere in una costante e continua realtà virtuale illusoria, simile al nostro mondo di adesso.

Alcuni uomini sono sfuggiti a questa realtà virtuale, chiamata Matrix, e cercano di far conoscere la vera realtà delle cose e liberare quanti più uomini possibile. Il film racconta della liberazione di Neo – che gli oracoli hanno descritto come l'eletto – il condottiero in grado di portare l'umanità alla libertà, del suo essere inquieto ed insoddisfatto della vita illusoria che vive, ma che ancora non conosce come tale, dell'avvicinamento da parte del gruppo di partigiani, e della sua lotta prima di tutto con se stesso e poi con il nemico, rappresentato dalle macchine.

Il primo contatto della resistenza con Neo, in discoteca. Trinity si avvicina a Neo da dietro e gli parla all'orecchio.

– Trinity:

Zitto e ascolta. So perché sei qui, Neo. So cosa stai facendo. So perché non dormi, so perché vivi da solo e perché una notte dietro l'altra lavori al tuo computer…Tu stai cercando Lui! Lo so perché a suo tempo anche io ho cercato la stessa cosa e, quando Lui ha trovato me, mi ha detto che non cercavo qualcosa di preciso, ma che cercavo una risposta. È la domanda il nostro chiodo fisso, Neo! È la domanda che ti ha spinto sin qui…E tu la conosci, come la conoscevo io!

– Neo:
Che cos'è Matrix?
– Trinity:
La risposta è intorno a te, Neo.
E ti sta cercando!
Presto ti troverà, se tu lo vorrai.

Non è negatività. La cherofobia.
È la paura di essere stupidamente felici.
"Potrei essere stupidamente felice".

«Dopo essere cresciuta in una famiglia con una grande passione per i libri e i misteri dell'universo, che metteva in fuga i miei coetanei, sono entrata, non senza traumi, nell'adolescenza.

Adesso sono carina, leggo di nascosto, fingo di adorare la musica che passano alla radio, esco, rido: corteggiata da tutti i miei nuovi amici, potrei essere stupidamente felice.

C'è solo la parte dimenticata di me che grida vendetta, quella che sogna il principe azzurro e si trova a parlare di calcio con un deficiente omologato ed etichettato che pensa solo al modo più veloce di portarmi a letto.

Temo di essere diventata una cinica e troppo brava attrice: la morte non mi impressiona, non credo in Dio, non riesco ad amare, l'amicizia mi ha deluso, i miei genitori, che in fondo stimo, sono solo riusciti ad adattarsi, sono una bambina pentita di essere maturata troppo in fretta, che demolisce i suoi sogni per paura che la vita li deluda, che prende a calci il mondo perché non le crolli addosso e nel frattempo rido a squallide battutine e faccio la scema nei locali.

Ma perché a questo mondo è vietato essere se stessi?

Non c'è più poesia né dolcezza, e l'idea di adattarmi mi ripugna: mi sento troppo giovane e forte per rifugiarmi in una triste solitudine. Ho avuto la fortuna di trovare un'amica che fino a poco tempo fa sognava un amore come quello di Romeo e Giulietta o di vivere in un mondo come quello dei romanzi di Terry Broocks, e credo sia l'unico regalo che la vita mi ha fatto: un'altra vittima della realtà.

Possibile che non esistano più meravigliose abitudini come lo scambio di ideali e di valori tra le persone, che i miei coetanei non abbiano la curiosità di scoprire cose nuove, che io sia rimasta una delle poche bisognose di conoscenza, a parte qualche secchione che non lo fa per passione ma per i suoi genitori» (B. E.).

Abbiamo messo Dio fuori campo. Non più incluso nel numero di quelli che potrebbero farci ritornare sul filo della nostalgia verso casa.

Verso luce.

Verso pienezza.

Così Cristina dopo una notte di contemplazione mi scrive parole di fuoco e verità:

«Una presenza di pace e di luce: è questa esperienza della novità di Dio che entra nella tua storia.

Come pace.

Come luce.

Qui tocchi il punto più alto della comunicazione e il più profondo: il varco dell'umanità verso l'eterno, l'anello che non tiene e che spezza la rete dei tempi umani.

Non cerchi, trovi. Non ti struggi, contempli.

Tocchi Dio. Sgorga la novità. Ti sfami della novità.

La storia straripa della Novità».

Qualcuno si è arrampicato sulla pianta per vedere Gesù:

«Entrando in Gerico, attraversava la città.

Ed ecco un uomo di nome Zaccheo, capo dei pubblicani e ricco, cercava di vedere quale fosse Gesù, ma non gli riusciva a causa della folla, perché era piccolo di statura.

Allora corse avanti e, per poterlo vedere, salì su un sicomoro, poiché doveva passare di là...» (Luca 19, 1-4).

Shomér ma mi-lailah.

Sentinella a che punto è la notte?

La notte è quieta, senza rumore,
c'è solo il suono che fa il silenzio
e l'aria calda porta il sapore di stelle assenzio.

Le dita sfiorano le pietre calme,
calde di un sole memorio mito,
il buio ha preso con sé le palme,
sembra che il giorno non sia esistito.

Io, la vedetta, l'illuminato,
guardiano eterno di non so cosa,
cerco innocente o perché ho peccato
la luna ombrosa;
e aspetto immobile che si spanda
l'onda di tuono che seguirà
al lampo secco di una domanda,
la voce d'uomo che chiederà...

Shomér ma mi-llailah, Shomér ma mi-llel.
Shomér ma mi-lailah ma mi-llel.
Shomér ma mi-llailah, Shomér ma mi-llel.
Shomér ma mi-llailah ma mi-llel.
Shomér ma mi-llailah, Shomér ma mi-llel.
Shomér ma mi-llailah ma mi-llel.

Sono da secoli o da un momento

fermo in un vuoto in cui tutto tace,
non so più dire da quanto sento
angoscia o pace.
Coi sensi tesi fuori dal tempo,
fuori dal mondo sto ad aspettare,
che in un sussurro di voce o vento
qualcuno venga per domandare.

E li avverto radi come le dita
ma sento voci, sento un brusio
e sento d'essere l'infinita
eco di Dio;

e sono innumeri come sabbia,
ansiosa e anonima oscurità,
ma voce sola di fede o rabbia,
notturno grido che chiederà...

La notte udite sta per finire,
ma il giorno ancora non è arrivato,
sembra che il tempo nel suo fluire,
resti inchiodato.

Ma io veglio sempre perciò insistete,
voi lo potete, ridomandate,
tornate ancora se lo volete, non vi stancate.

Cadranno i secoli, gli dei e le dee,
cadranno torri, cadranno regni,
e resteranno, di uomini e idee,
polvere segni.

Ma ora capisco il mio non capire,
che una risposta non ci sarà,
che la risposta sull'avvenire
è in una voce che chiederà...

Favola

Agire.

Una favola

Esiste una favola,
un inedito
rompe la trama
dei fili intrecciati
dei momenti intessuti
esiste una favola?

Esiste un frammento
di cielo
di mare
di sole
di nuovo

Ho scoperto una favola
di uomini ebbri

di cielo
di sole
di nuovo

Ricevere-trasmettere.

L'incontro con Dio ti comunica la sua novità: diventiamo nuovi, inediti.

Ci rivestiamo di sole e di nuovo.

Esistono ancora delle splendide abitudini?

È come dire: esistono ancora delle storie inedite?

Delle favole?

Favole di vita.

Storie di vita che sembrano favole ma sono vere.

Storie di umanità.

Storie d'amore

«Ti supererò, in amore andrò, molto più lontano dove tu stupore sei.

Con le mani andrò dove sento il cuore, e mi fa capire come stai aspettando me.

Ti supererò, in amore andrò, dove non hai mai sognato di arrivare tu. Con il viso andrò, dentro un sentimento, dove non sei stato ancora tormentato tu.

Dimmi dove (quando?) quando (dove?) cuore, mi avvicino più a te. Tu dimmi le parole (care) fino al cuore (calde), quando…

Me le inventerò, sto spaccando il cuore, trovo immersi nel rossore tanti, amore mio, giorni tuoi, tutti tuoi.

Ti sto superando (dove?) fino al cuore (quando?) ora non vedo che te.

La tua via è vita per la vita mia, gli occhi mi appartengono, le tue labbra, ciglia, il cuore è in mano a me.

Tutto il tenero che vuoi non te lo renderò, io non ti voglio ricordare, non esisti altrove ma in me.

Ti supererò, vedo ad occhi chiusi dove fare dolci abusi e bei soprusi, e te… Ti supererò con il mio amore insonne e agitato che non dorme per svegliare te.

Dimmi dove (quando?) quando (dove?) caro cuore, io non vedo che te. Ti sto raggiungendo (dove?) fino al cuore (quando?) ora…

Ti supererò, in amore andrò, oltre la parola amore e non torno più».

Così Gianni Morandi e Barbara Cola, in una vecchia canzone ed in un vecchio video che non si può nemmeno più vedere da tanto può essere pixellato.

Ma il contenuto rimane.

E rimane la domanda?

È possibile ancora un amore così.

Un amore da favola.

Una favola vera.

Una favola splendida.

Come quella di Luca e Deborah.

Così come li conosciuti.

Dopo l'incidente.

Dopo la catastrofe.

Erano insieme prima di quella brutta notte nella quale Luca è uscito con tutti i suoi amici.

Uno è morto.

L'altro è in prigione per droga.

Solo lui è fuori.

Ma è rimasto in carrozzella.

Li vedo arrivare nella notte Luca e Deborah. Si fermano e mi salutano, lui tira giù il finestrino ed accanto a lui una bionda.

Lui è in carrozzella.

Chiedo: dove vanno?

Vanno a ballare?

E lei: chi è?

La sua ragazza.

La bionda del finestrino. La sua ragazza prima dell'incidente e la sua ragazza dopo l'incidente.

Questo è l'essere-nuovi che emerge nella storia; questa novità che tu fai entrare nella vita.

Non è una favola nel senso di una non-verità, ma nel senso di una novità che accade e ti stupisce, di un inedito che da Dio passa nel tempo dell'uomo ed allarga questo tempo verso i confini dell'eterno.

Non sei più bello.

Non sei più perfetto.

Ma io era la tua ragazza prima.

Sono la tua ragazza adesso.

Sarò la tua ragazza sempre.

Come l'apparire di un'altra dimensione che però si dimostra vivibile e rilevante nel qui-ora dell'uomo.

Luca e Deborah inventano una storia che è un amore sempre nuovo di zecca ad ogni sole che nasce perché è un pezzo di romanzo che non era ancora stato pensato e non era ancora stato scritto su carne umana.

Si superano l'un l'altro all'interno dell'amore: l'inedito della loro favola ci permette di sognare ancora qualche splendida abitudine...

Il coraggio di aprire una porta.

Di passare una soglia.

Di liberarsi da un determinismo.

Di trasgredire la scatola. Di entrare nella novità.

The Truman show (con Jim Carrey)

https://www.youtube.com/watch?v=pL7Y79O2ttU

→ Truman che apre la porta si dichiara libero di agire

→ libero di inventare storia inedita, non già-pensata o già-vista

→ una storia non più pensata per te, pensata da te

→ l'uomo-ognuno che esce dalla caverna del tempo presente

→ inventa una storia nuova

Truman non vive una vita normale, ma una vita controllata, guidata, tutto intorno a lui è finto e costruito (il set, alcuni palazzi che sono vuoti ed esiste solo la facciata come l'ascensore, il sole e la luna che sono artificiali).

Al termine del film Truman parte in cerca di qualcosa (la sua vita gli sta stretta).

Cristof: "Avrà paura, tornerà indietro" (confida che Truman non avrà il coraggio di andare avanti, ribellarsi e cambiare vita).

Nel dialogo fra Truman e Cristof…

Truman: "Era tutto finto?" Cristof: "Tu eri vero!" (Era tutto finto compreso Truman che a differenza del resto era spontaneo).

Cristof: "Hai paura!" (Cerca di spaventare Truman per non farlo uscire puntando sulle paure che Truman ha dentro).

Ma Truman esce.

Va.

L'uomo è l'unica creatura che Dio ha pensato per se stessa.

Non ritrova se stesso nella verità se non attraverso il dono di sè.

L'altro rivela pienamente me a me stesso.

Luca rivela pienamente l'amore che Deborah possiede.

Se non avesse incontrato Luca, Deborah non avrebbe mai scoperto quanto amore c'era dentro di lei e fino a che punto fosse in grado di superare il limite dell'amore per costruire "la favola" di una storia.

Ed è il nostro agire che rivela la favola.

Il nostro agire rivela la luce che sta dentro di noi.

Illumina la storia.

La nostra filosofia

«Siamo qui
perché non c'è alcun rifugio
dove nasconderci da noi stessi.

Fino a quando una persona
non confronta se stessa

negli occhi e nei cuori degli altri,
scappa...

Fino a che non permette loro
di condividere i suoi segreti,
non ha scampo da questi...
Timoroso di essere conosciuto
né può conoscere se stesso né gli altri,
sarà solo...

Dove altro
se non nei nostri punti comuni
possiamo trovare uno specchio?

Qui, insieme,
una persona può alla fine manifestarsi
chiaramente a se stessa
non come il gigante dei suoi sogni
né il nano delle sue paure,
ma come un uomo
parte di un tutto
con il suo contributo da offrire.

Su questo terreno
noi possiamo tutti mettere radici
e crescere,
non più soli come nella morte,
ma vivi a noi stessi e agli altri».

Sabino Palumbieri:

«Ad una analisi fenomenologica del profondo – come può essere attuata in forma cruda in Sartre – è l'amore l'unico elemento che riscatta dalla banalità e dal senso dell'inutilità l'esistenza che altrimenti rimane ingiustificata e ingiustificabile.

Ora solo quello che le dà una base di giustificazione può dirsi fattore assoluto» (*Antropologia e sessualità*).

Sembra che solo l'amore fino-in-fondo renda giustizia dell'esistere ed in qualche modo giustifichi il fatto di essere nati

Scrive J.P. Sartre:

«La mia esistenza è, perché chiamata...

Mentre, prima di essere amati, eravamo inquieti per questa protuberanza ingiustificata, ingiustificabile che era la nostra esistenza, mentre ci sentivamo "di troppo", ora sentiamo che questa esistenza è ripresa e voluta nei suoi minimi particolari da una libertà assoluta che essa condiziona nello stesso tempo, e che proprio noi vogliamo con la nostra libertà.

È questo il fondo della gioia d'amore, quando esiste, sentirsi giustificati d'esistere» (*L'essere e il nulla*).

La favola dell'amore arriva fino all'ultimo confine dell'amore.

Oltrepassa il confine.

Diventa stupore-in-storia.

Giustificazione di esistenza.

«Prima della festa di Pasqua, Gesù, sapendo che era giunta la sua ora di passare da questo mondo al Padre, dopo aver amato i suoi che erano nel mondo, li amò sino alla fine» (Giovanni 13, 1).

La favola dell'amore inizia improvvisamente come lo stupore, quando ti senti amato.

Raccontami le storie.

In questo modo.

Con l'amore fai accadere le storie.

Un amore che non si arresta.

Si supera sempre.

Non è mai abbastanza.

Non si ferma. Si stupisce dell'oltre.

Non si ferma mai. Ha il sapore di casa. Ha il sapore di Dio.

La favola mia

Ogni giorno racconto la favola mia,
la racconto ogni giorno chiunque tu sia,
e mi vesto di sogno per darti se vuoi
l'illusione di un bimbo che gioca agli eroi.

Queste luci impazzite si accendono e tu
cambi faccia ogni sera ma sei sempre tu,
sei quell'uomo che viene a cercare l'oblìo,
la poesia che ti vendo di cui sono il dio.

Dietro questa maschera c'è un uomo
e tu lo sai,
l'uomo di una strada che è la stessa che tu fai,
e mi trucco perché la vita mia
non mi riconosca e vada via.

Batte il cuore ed ogni giorno è un'esperienza in più, la mia vita è nella stessa direzione, tu!, e mi vesto da re perché tu sia, tu sia il re di una notte di magia.

Con un gesto trasformo la nuda realtà, poche stelle di carta, il tuo cielo ecco qua, ed inventa te stesso la musica mia e dimentichi il mondo con la sua follia.

Tutto quello che c'è fuori rimane dov'è, tu sorridi tu piangi tu canti con me, forse torni bambino e una lacrima va sopra questo costume che a pelle mi sta.

Dietro questa maschera c'è un uomo e tu lo sai, con le gioie le amarezze ed i problemi suoi, e mi trucco perché la vita mia non mi riconosca e vada via.

Dietro questa maschera lo sai ci sono io
(sono io soltanto)
quel che cerco quel che voglio lo sa solo Dio

(e lo sa soltanto Dio),
ed ogni volta nascerò ed ogni volta morirò,
per questa favola che è mia…

Vieni ti porto nella favola mia.

Vieni come sei

Ascoltare.

Scoprirsi giocarsi
almeno provarci

a scoprire di me
davanti a te

giocare me pelle
nuda maschera
viva senza trucco

cade la scena il
fondotinta
l'immagine

cadono
giù

A volte mi fermo e mi chiedo chi sono io...

«Io, l'ombra che andò via, costeggiando il muro o restando lì, l'uomo che cercò la sua profezia dritto nel futuro e poi si smarrì.

Suono di tam tam e io ci ballo su da tutta una vita fulminea, come un viaggio in tram che ti siedi giù e è il capolinea. Io, l'onda che si alzò su dal mare scuro dell'umanità, l'urlo che si udì quando rimbalzò forte sul tamburo della libertà, sogno di colei che è la mia follia e mai questa ferita rimargina e che dai libri miei ha strappato via l'ultima pagina.

Sono acqua di foce ed è una croce non sapere mai se la mia voce è fiume o oceano e non c'è no fiume che due volte sia capace di bagnarmi e darmi pace perché il tempo se ne va e tutto tace.

Io resto qua nell'irrealtà dell'immenso velo del mio cielo a metà.

Sarà una nuova età o solo un'altra età, il volo di un eterno istante nel mio cuore di aliante.

Io, l'indio che partì nel cammino duro di cercare sé, sonno di amnesie che non dormo più ma non ho finito di esistere con queste energie cresco la virtù di resistere.

Sono acqua di fonte che al suo monte non può ritornare e il mio orizzonte è solo vivere e vivere da solo come un sasso di un torrente che non ferma la corrente perché il tempo se ne va e lascia niente.

Io resto qua nell'irrealtà dell'immenso raggio del mio viaggio a metà, sarà una nuova età o solo un'altra età il volo di un eterno istante nel mio cuore di aliante.

A combattere il tempo come si fa, si può battere solo a ritmo di musica.

Non ti abbattere al tempo che se ne va, lo puoi battere ancora a tempo di musica sul tempo che va, a tempo di musica nel tempo che va.

Io resto qua nell'irrealtà dell'immenso fondo del mio mondo a metà. Sarà una nuova età o solo un'altra età il volo di un eterno istante nel mio cuore di aliante.

Io a combattere il tempo, l'ombra che andò via, costeggiando il muro o restando lì, l'uomo che cercò la sua profezia, diritto nel futuro e poi si smarrì a tempo di musica» (Claudio Baglioni, *Cuore d'aliante* in *Viaggiatore sulla coda del tempo*).

L'uomo, viaggiatore sulla coda del tempo.

Cercatore di identità e di vera gioia.

Affamato-assetato.

Con la voglia di tirare fuori quello che ha dentro. Con la voglia di trovare un cuore che si ascolti.

Mi ricordo una ragazza in corso Cavour a Firenze. Con dentro il cielo la terra i divini e gli umani, con dentro un vulcano di paure, attese, gioie e sofferenze. Che mi guarda e mi dice: - Davvero tu sei disposto ad ascoltare? Davvero ti può interessare la mia storia. Ci siamo fatti una passeggiata da lì a Santa Maria in Fiore, il duomo di Firenze. Lei continuava a parlare, andata e ritorno. Quando siamo arrivati al punto di partenza mi ha detto: - Ma tu ritorneresti ancora una volta al Duomo, perché io ti ho detto appena qualcosa di quello che sono; ho ancora un universo dentro. Sei disponibile per ascoltare.

Credo che nessuno ci abbia visto quel giorno altrimenti avrebbe pensato che eravamo pazzi.

Ci siamo fatti una decina di "vasche".

Firenze è bellissima.

Ma è bellissimo un cuore che si libera.

Che risplende.

Perché lo stai ascoltando.

Fai un salto dentro il film *Dead man walking* (Susan Sarandon e Sean Penn; regia di Tim Robbins).

https://www.youtube.com/watch?v=ItlcMGUe1Xc

Il giovane Matthew Poncelet, condannato a morte in Louisiana, scrive alla suora Helen Prejean per avere colloqui ed assistenza in carcere. Con l'amico Carl Vitello, ora all'ergastolo, il giovane ha ucciso una notte due fidanzati che si erano appartati in un bosco. Vitello, avendo tanto denaro, ha potuto scampare con validi avvocati alla pena capitale, mentre Matthew è stato condannato a morte. Con l'approvazione dei suoi superiori, suor Helen (che svolge i propri compiti in un centro di servizi sociali) si appresta all'insolita missione.

Matthew è un tipo fra il bullesco e lo sprezzante, ma in realtà è disperato e dopo qualche contatto la suora entra in crisi. Tuttavia visita la madre del detenuto, Lucille Poncelet (con altri figli minorenni a carico cui provvedere) e raccoglie notizie ed elementi sull'infanzia del giovane, che ha contro l'opinione pubblica, la stampa e la televisione, oltre che i comitati favorevoli alla pena di morte.

La minoranza invece, contraria alla barbarie delle esecuzioni in carcere, lotta invano.

Ingaggiato un solerte difensore, vengono attivati gli ultimi strumenti giuridici utilizzabili, tra i quali la domanda di grazia al Governatore dello Stato, che la negherà. Suor Helen contatta i familiari delle due vittime: Earl Delacroix per il ragazzo Walter; Clyde e Mary Beth Percy per la figlia Hope, violentata e straziata prima dell'assassinio. Costoro non comprendono come la suora "difenda" un criminale e non accettano l'idea di perdonare.

Malgrado lo scarsissimo tempo residuo, Matthew ha qualche cedimento: le parole della sua assistente spirituale e la Bibbia che essa gli ha dato cominciano ad avere effetto, mentre le visite e l'evidente stato di angoscia e di crisi della suora aprono spiragli nel suo cuore: "Nessuno mi ha mai chiamato figlio di Dio…".

Suor Helen ottiene di poter assistere alla terribile prova dell'esecuzione pubblica, perché lui la vuole vicina: alla vigilia e fra le prime lacrime confessa che lei soltanto ha dimostrato di volergli bene.

Già legato al lettuccio per essere sottoposto ad iniezioni di sostanze chimiche secondo le norme in vigore per l'esecuzione, le ultime parole di Matthew sono una richiesta di perdono ai parenti presenti, la confessione della propria delittuosa complicità (ha ucciso, tuttavia, solo il ragazzo, violentando Hope) e la dichiarazione di affetto a quella suora che tende fino alla morte la propria mano verso di lui.

Mi stai ascoltando?

Ascoltami!

Io ho bisogno che tu mi ascolti.

Tu-uomo.

Tu-donna.

Tu-Dio.

Ho bisogno che tu mi ascolti così come sono.

«Quando parlo con lei sono come sono, sono me stessa.

Con nessuno posso essere così, neppure con mio marito o con mio figlio; neppure con la gente.

Non posso mai essere come sono: stanca, triste, o con un problema o con una colpa o con le mie paure.

Il mio mestiere è nascondere; forse sono venuta malata a forza di nascondere.

Questo è l'unico posto in cui posso essere come sono» (Giuseppe Colombero, *Dalle parole al dialogo*).

Ti dico quello che sono.

Ti confesso quello che sono.

La confessione di me.

Un momento nel quale Dio ti dice: "Ascoltati".

Momento nel quale lui ascolta te.

Ascolta la bellezza che sale da dentro.

Che sale da te.

Ascolta il tuo desiderio di comunicazione.

Un momento nel quale puoi essere come sei.

Puoi sentirti dire: vieni come sei.

«Vieni come sei,
come eri
Come voglio che tu sia
Come un amico, come un amico,
come un vecchio nemico

Prenditi tutto il tempo,
fai in fretta
La scelta è tua, non fare tardi
Fai una pausa,
come un amico,
come un vecchio ricordo
Ricordo, ricordo, ricordo

Vieni, imbrattato di fango,
fradicio di candeggina.
Come voglio che tu sia
Come una moda,
come un amico,
come un vecchio nemico
Ricordo, ricordo, ricordo

E giuro che non ho un fucile
No, io non ho un fucile
No, io non ho un fucile
Ricordo, ricordo, ricordo, ricordo
E giuro che non ho un fucile
No, io non ho un fucile
No, io non ho un fucile
No, io non ho un fucile
No, io non ho un fucile

No, io non ho un fucile

Ricordo
Ricordo

(Nirvana, *Come as you are*).

Ground zero

Ripartire.

Nuovo mattino

Gesti di novità
sapore di pane
odore dell'alba
appena svegliata
sussurro di un vento
che ti si scioglie dentro

nuovi volti
nuovi occhi
nuovo mattino

nuovo sole
sorge
altre terre

inesplorati sentieri
fuoco nuovo
custodito
da mani intrecciate

11 settembre 2001 come evento epocale, il "ground zero" del 2000.

Distruzione.

Disperazione.

Ripartenza.

Ground zero – primo giardino.

Le vicende dell'11 settembre 2001 fanno scattare nel Boss della musica mondiale Bruce Springesteen, una molla creativa.

Nel 1984 nel disco *Born in the U*SA egli aveva cantato, leggero e scanzonato, di due ragazzi che, per sedurre una ragazzina, si vantavano: I nostri padri sono i proprietari dei World Trade Centers (Darlington Country).

Il segno della potenza di cui vantarsi adesso si trasforma in un simbolo di fragilità e in un appello di pietà. Al *Tribute to Helpers*, tenutosi il 21 settembre 2001 per la raccolta di fondi a favore delle vittime della tragedia, egli partecipò con la canzone *My city of ruins*, composta in realtà prima del crollo e dedicata alla città delle sue origini.

In pochi mesi, dopo aver registrato quindici canzoni in otto settimane, esce il nuovo disco.

La poesia dei testi e della musica nasce dalla tragedia per dire un bisogno di "risurrezione". La parola chiave di questo messaggio è dunque nel titolo: *The Rising*.

Nelle recensioni e nelle traduzioni italiane del disco, la parola "risurrezione", che è così chiara e nello stesso tempo capace di tenere insieme molte sfumature, non viene quasi mai utilizzata. Vengono scelti sinonimi, a volte anche un po' contorti, quali ascesa, il sollevarsi, il risollevarsi, il risveglio... ma non risurrezione, come invece decodifica chiaramente, ad esempio con il sinonimo *resurrection*, il New York Times.

Il Time aggiunge che le canzoni hanno una valenza "redentiva": «Sono tristi ma la tristezza è quasi sempre accompagnata da ottimismo, promessa di redenzione e invito alla forza spirituale».

Il protagonista del brano è un pompiere che sta salendo per le scale di una delle torri colpite: non vede più niente di fronte a sé, si fa strada nel buio e sente soltanto la fatica ed il peso che ha sulle spalle.

Al mattino egli si era svegliato portando, *the cross of my calling* (la croce della mia chiamata). Il cammino dell'uomo sembra avvenire come sulla spinta di una vocazione e i pesi che egli ha sulle spalle diventano una vera e propria croce, portata con sofferenza e decisione. Solamente alla luce di queste immagini di forte valore religioso si può comprendere il ritornello: *Come on up for the rising* (Vieni su per risorgere).

Il termine cross/croce guida decisamente la traduzione del termine *rising* con risurrezione, appunto.

Il pompiere giunge ad una soglia di confine e i suoi occhi si aprono da una semplice vista ad una visione all'interno di una splendida preghiera: ci sono spiriti sopra e dietro di me / facce diventate nere, occhi che bruciano e splendono. Il loro sangue prezioso mi leghi / Signore, quando io sarò davanti alla tua luce ardente.

L'uomo vede i corpi divenire spiriti perché egli stesso sta attraversando la soglia tra la vita e la morte.

La sua ascesa è fisica e spirituale insieme.

Il fuoco assale il suo corpo e diventa una benedizione, luce nelle tenebre della fuliggine. Il riferimento al sangue prezioso (*precious blood*) sembra una traccia religiosa, essendo questo un termine molto diffuso della devozione cristiana.

Il mistero della croce dunque appare estendersi a tutte le vittime, mentre le emozioni si aprono in un crescendo dal tono epico.

Subentra quindi una donna, Mary: Ti vedo Maria, nel giardino / nel giardino dei mille spiriti / ci sono immagini sacre dei tuoi figli / che danzano in un cielo pieno di luce.

Chi è questa Mary? Forse è la moglie del pompiere?

Intervistato da Uncut Bruce risponde: «Sono sicuro che è il cattolico che viene fuori in me stesso. Si potrebbe trattare di una visione religiosa».

Ricordiamo che la canzone è costituita da un passaggio dalla vista alla visione e notiamo che la strofa che segue si conclude con l'invocazione ad un cielo di pienezza, cielo di vita benedetta.

Bruce Springesteen, *The rising*

«Non vedo niente davanti a me, non vedo niente che arriva da dietro, mi faccio strada in questo buio, non sento altro che le mie catene, ho perso il conto di quanto ho camminato, di quanto sono salito in alto, sulla schiena ho una pietra da sessanta libbre, sulla spalla un cavo da mezzo miglio.

Vieni su quando è il momento di sollevarsi, vieni su, metti le mani nelle mie, vieni su quando è il momento di sollevarsi, vieni su quando ci solleviamo stanotte.

Sono uscito di casa stamattina, il suono delle campane riempiva l'aria, portavo la croce della mia vocazione, su ruote di fuoco sono arrivato quaggiù.

Vieni su quando è il momento di sollevarsi, vieni su, metti le mani nelle mie, vieni su quando è il momento di sollevarsi, vieni su quando ci solleviamo stanotte.

Ci sono spiriti sopra e dietro di me, facce diventate nere, occhi che bruciano e splendono, che il loro sangue prezioso mi leghi Signore, quando sarò di fronte alla tua luce ardente.

Ti vedo Maria nel giardino, nel giardino dei mille sospiri, ci sono immagini sacre dei tuoi figli che danzano in un cielo pieno di luce. Vorrei sentire il tuo sangue mescolarsi al mio, un sogno di vita mi arriva come un pesce che danza appeso all'amo.

Cielo di tenebra e dolore (un sogno di vita), cielo d'amore, cielo di lacrime (un sogno di vita), cielo di gioia e tristezza (un sogno di vita) cielo di misericordia, cielo di paura (un sogno di vita), cielo di memoria e ombra (un sogno di vita), il tuo vento ardente mi riempie le braccia stasera, cielo di nostalgia e vuoto (un sogno di vita), cielo di pienezza, cielo di vita benedetta.

Vieni su quando è il momento di sollevarsi, vieni su, metti le mani nelle mie, vieni su quando è il momento di sollevarsi, vieni su quando ci solleviamo stanotte».

Questa canzone è uno snodo.

Dopo sette anni di assenza *the Boss*, torna nelle classifiche mondiali con un disco ispirato ai drammatici eventi dell'11 settembre 2001.

Viene da una famiglia cattolica di radici italo-irlandesi, tuttavia il suo rapporto con la religione non è mai stato idilliaco.

Egli ha fatto risalire il suo rifiuto della fede ad un'esperienza negativa avuta da bambino: «Dio fu usato puramente come uno strumento di controllo. Quando compii tredici anni ne avevo abbastanza e dissi: "Basta!"».

Il Dio immaginato e rifiutato è dunque il Dio controllore. Ma in tempi successivi alcuni semplici gesti del Boss hanno fatto riflettere sulla sua percezione del sacro.

Gesti come l'accendere un cero alla Vergine nella basilica di San Petronio durante la sua tournée bolognese nel 1998 o l'indossare una medaglia che rappresenta san Cristoforo, il quale per i cattolici è il patrono dei viandanti, sono gesti, che, nella loro semplicità, dicono una forma di rapporto con i simboli della devozione cristiana.

L'opera del Boss gioca sui simboli della strada, della macchina, dell'oscurità, dell'amore.

Nel disco *Born to run* (1975) che lo fa diventare il Boss del rock mondiale, incastra in modo cinematografico i simboli del mondo da cui proviene: gabbia, ribellione, fuga.

La tensione espressa nella potenza dell'auto, nella magia della notte e nella direzione infinita della strada si muove verso una liberazione vagheggiata in termini dal sapore religioso.

Springesteen infatti usa parole come *faith* (fede), *redemption* (redenzione), *promised land* (terra promessa), fino ad invocare un *saviour*: che da queste strade si levi un salvatore.

«Se la notte è buia, il marciapiede è illuminato / e foderato dalla luce e nella notte è possibile trovare un varco / per l'anima. Occorre crederci, stringendo la fede tra i denti. La direzione resta verso quel posto / dove veramente vogliamo andare./E finalmente cammineremo nel sole /Ma fino ad allora i vagabondi come noi / Sono nati per correre».

Nel doppio album *The River* (1980), in *Hungry Heart* (1980): «Ognuno ha bisogno di un posto in cui riposare/ ognuno vuole avere una casa...».

«E vorrei che Dio mi mandasse una parola / Qualcuno da aver paura di perdere» (Drive all night).

Stiamo sempre sul *ground zero*, che è il nuovo giardino del 2000.

Jonathan Jurus, 27 anni, è uno dei 7 sopravvissuti dell'83° piano della Torre nord del World Trade Center, la prima ad essere colpita durante gli attentati terroristici dell'11 settembre 2001: «Si commercializza il ricordo. Per me è invece la realtà: mi alzo ogni mattina con ciò che ho vissuto in quei momenti».

> «Lavoravo da tre anni come "trader" di titoli Nasdaq per la società Streamline Capital e fino a due settimane prima dell'11 settembre i nostri uffici si trovavano al 44° piano. Solo dopo il trasferimento ho iniziato a pensare ad una potenziale evacuazione. Del resto a quell'altezza si aveva spesso la sensazione che la torre oscillasse.
>
> Allo schianto del primo aereo (il volo 11 dell'American Airlines che ha colpito la Torre nord al 94° piano) mi trovavo in ufficio con pochi altri colleghi. Devo essere stato gettato a 6-7 metri dalla scrivania dallo spostamento d'aria: credevo potesse succedere solo nei film. Ho avuto la sensazione che l'intero piano si muovesse e che stessimo precipitando verso il fiume. Quando mi sono ripreso sono corso in corridoio, già riempito di fumo, e ho cercato di aprire le porte di emergenza. Ma le ho trovate chiuse. È stato allora che mi sono reso conto che eravamo gli unici sopravvissuti. Nessun altro è emerso dagli altri uffici sul nostro piano. Solo un collega è uscito dall'ascensore, gravemente ustionato dalle fiamme.

Quando siamo arrivati alle porte di sicurezza e abbiamo iniziato la discesa ho cominciato a sperare. Si era creata una fila ordinata: a sinistra i feriti e a destra chi procedeva più rapidamente. Verso il 45° piano, però, abbiamo udito un boato assordante e di nuovo la torre ha oscillato. Pensando ad un nuovo attacco mi ha colto il panico. Dopo essere uscito all'aperto ho creduto che il rombo della torre che crollava su se stessa fosse un nuovo attacco e che la polvere ed il fumo fossero degli agenti chimici. Qualcuno ha infatti iniziato a gridare che ci stavano sparando dagli elicotteri che sorvolavano la zona...

La società per cui lavoravo ha chiuso i battenti e, dopo essermi trovato senza lavoro per oltre sei mesi, ho accettato una nuova posizione come consulente finanziario ad Albany, dicendo controvoglia addio a New York» (Avvenire 080902).

Spiega un sacerdote di Manhattan:

«L'11 settembre ha segnato la mia come l'assassinio di John Kennedy ha segnato la generazione dei nostri papà e delle nostre mamme.

Talvolta chi ci contatta non sa neppure lui cosa vuole, ma dimostra di aver bisogno di punti di riferimento, di valori».

La vita nasce e rinasce dalle ceneri.

Emily ha rischiato la morte prima di nascere. È venuta alla luce il 18 febbraio, in un ospedale di New York. Ovviamente non lo sa, ma per la nazione americana è il simbolo della vita che sorge dalle rovine. La madre, Florence Engoran, 33 anni, era incinta di cinque mesi il giorno in cui si è salvata per un soffio dal crollo delle Torri gemelle. Stranamente, il suo è un caso unico.

A quanto pare nessun'altra donna in gravidanza si trovava nei grattacieli più alti della metropoli al momento dell'attacco:

«Ho una grande responsabilità. La mia bambina è sopravvissuta all'odio, dovrò insegnarle che la vita è amore".

Nell'ascensore che l'11 settembre la portava in ufficio al 55° piano, Florence beveva il primo caffè del mattino da un bicchiere di plastica ed era contenta della sua sorte. Una società di assicurazioni aveva accettato di assumerla, anche se era incinta. Finalmente lei ed il marito Russ avrebbero avuto abbastanza denaro per una casa un po' più grande, dove ci sarebbe stato spazio anche per la bambina che doveva nascere.

Racconta: "Dapprima ho pensato che piovesse. Sembrava il rumore di un temporale, ma molto più forte. Dalla finestra ho visto che, invece di acqua, cadeva fuoco: pezzi di carta in fiamme, misti ad una grandine di enormi schegge di cemento. Intorno a me tutti scappavano e mi sono precipitata anch'io giù per le scale. Una donna alle mie spalle mi incalzava: 'Presto, presto!'. 'Sono incinta', ho gridato, 'non posso correre più in fretta di così'".

In quel momento gli altoparlanti nell'edificio hanno diffuso una voce tranquilla: "Un piccolo aereo da turismo si è schiantato contro l'altro grattacielo, ma in questo non c'è pericolo, tornate nei vostri uffici". Qualcuno ci ha creduto, e ha pagato con la vita. Florence ha continuato a scendere: "La mia mente era completamente paralizzata dalla paura, le gambe si muovevano automaticamente. Quando sono arrivata al 21° piano, la luce si è spenta e una pioggia di calcinacci ha invaso la tromba delle scale".

I fuggiaschi non lo sapevano ma anche il secondo grattacielo era stato colpito da un aereo dirottato: "Da quel momento la discesa è durata un'eternità. Prima, la gente parlava e qualcuno perfino rideva, pensando che soltanto nell'altro edificio ci fosse pericolo.Ora tutti avanzavano in silenzio nel buio, spingendo chi non si sbrigava. Al fondo delle scale, qualcuno con una torcia elettrica ci ha diretti verso un'uscita di servizio".

In strada la gente correva impazzita in tutte le direzioni: "Ho chiesto aiuto agli impiegati dello studio di un avvocato. Ho cercato di telefonare a mio marito per rassicurarlo, ma non ci sono riuscita. Non sapevo come tornare a casa. Un'ora dopo si è udito un nuovo schianto, terribile. Il primo grattacielo era crollato. Abbiamo creduto ad un nuovo attacco, siamo scappati in strada. Ho provato a correre, ma sono svenuta".

Uno degli impiegati dello studio legale ha portato Florence al pronto soccorso. Nessun ferito era ancora nell'ospedale, ma centinaia di persone già si offrivano di donare sangue: "Medici e infermieri guardavano la televisione con occhi sbarrati, ma ancora non arrivava alcuna ambulanza con le vittime del crollo. Le sale operatorie erano pronte, tutto il personale si mobilitava per l'emergenza, e nulla accadeva ancora. I medici per prudenza mi hanno fatto un esame con ultrasuoni. La bambina nel mio grembo stava bene. Si muoveva, scalciava, sembrava che volesse correre, lontano dagli orrori di New York".

Oggi Emily è perfettamente sana e la madre è felice: "Quando potrà capire le spiegherò che ognuno di noi deve fare la sua parte, grande o piccola, per un mondo in cui la pace prenda il posto della violenza"» (Famiglia Cristiana, n. 36/2002).

Ground Zero-Nuovo Giardino

«Da un luogo di morte come il Ground Zero, su cui sorgevano le Torri Gemelle di New York, fiorirà un Nuovo Giardino.

Il che significa che il terrorismo, la violenza e il male sono sempre esistiti nella storia, ma l'uomo non può fermarsi a questi fatti, alle sole cause sociali e politiche che li provocano. C'è un fatto molto importante e centrale della storia umana: una Ragazza con un Bambino in braccio è apparsa duemila anni fa. È da questo evento che deve ripartire l'umanità del terzo millennio, se vuole capire la radice profonda della violenza scatenatasi l'11 settembre 2001...

L'idea di uno spettacolo su come e da dove provengono certi fenomeni come la violenza ed il male, mi frullava in testa da anni. Con l'11 settembre è scattata una molla ed è nato lo spettacolo, che vuole lanciare un forte messaggio di speranza, con il linguaggio dell'armonia e bellezza del balletto: l'umanità è sempre stata afflitta dal dolore, ma Qualcuno lo illumina e lo condivide con noi».

Con musiche di Samuel Barber, Adrian Enescu e Ciaikovski, lo spettacolo celebra anche i 25 anni di attività della Compagnia balletto classico di Liliana Cosi e Stefanescu che a Reggio Emilia ha fondato una vera e propria scuola di balletto per giovani, rappresentando in questo periodo quasi duemila spettacoli in 385 città italiane, fa cui il ricordo delle 300 repliche di Patetica (*Sesta sinfonia* di Ciaikovski).

Afferma Liliana Cosi: «Mi sembra che l'attuale umanità abbia bisogno di uscire dalla tragicità, con un messaggio di speranza e di felicità eterna.

Il balletto che presentiamo, in sei quadri e con vari personaggi e colori, è uno spettacolo multimediale, formato da balletto, musiche dal vivo ed elettroniche, video e proiezioni di filmati, che illumineranno nel finale un Nuovo giardino di bellezza, i cieli nuovi e la terra nuova dell'Apocalisse»».

Ri-cominciare. Ri-partire. Ri-nascere Ri-provarci.

La grande scoperta. La grande sorpresa. Il grande stupore.

Racconta il cardinale Biffi

«Quando facevo scuola a Milano, all'Istituto di Pastorale ho fatto una lezione sulla Risurrezione di Cristo. Finita la lezione, una signora si avvicina e mi fa:

– Ma lei vuol proprio dire che Gesù è vivo...?

– Sì, signora: che il suo cuore batte proprio come il suo ed il mio.

– Ma allora bisogna proprio che vada a casa a dirlo a mio marito!

– Brava signora, provi ad andare a dirlo a suo marito.

Il giorno dopo la signora torna da me e mi dice:

– Sa, l'ho detto a mio marito.

– E lui?

– Mi ha: risposto: "Ma va, avrai capito male!".

Notate che quella era una catechista. Eppure era sconcertata. Io le faccio avere la registrazione della lezione. Lei la fa sentire a suo marito.

E lui alla fine crolla:

– Ma se è così, cambia tutto.

Pensateci e ditemi se non è vero; se quell'uomo, bello, buono, eccezionale, è davvero Dio, e se ancora è tra noi, allora cambia davvero tutto».

Sorpresa di un sepolcro vuoto:

> «Nel giorno dopo il sabato, Maria di Magdala si recò al sepolcro di buon mattino, quand'era ancora buio, e vide che la pietra era stata ribaltata dal sepolcro...
>
> Stava all'esterno vicino al sepolcro e piangeva.
>
> Mentre piangeva, si chinò verso il sepolcro e vide due angeli in bianche vesti, seduti l'uno dalla parte del capo e l'altro dei piedi, dove era stato posto il corpo di Gesù...
>
> Si voltò indietro e vide Gesù che stava lì in piedi...» (Giovanni 20, 1ss).

Non abbiamo super-poteri. Abbiamo la risurrezione.

Guarda Spider-man (diretto da Sam Raimi).

https://www.youtube.com/watch?v=fzOWKXpFMvw&t=14s

Durante una gita scolastica, il giovane Peter Parker viene morso da un ragno geneticamente modificato. Presto si accorgerà di essere entrato in possesso di straordinari poteri sovraumani, che giurerà di utilizzare per sconfiggere il crimine. Mentre guardi il film, fai attenzione alla scena dell'uomo piegato di fronte alla maschera del suo mostro.

No. Non siamo in ginocchio davanti al male.

Per la risurrezione di Cristo: the Rising. Dove i mattoni sono crollati

«Nei luoghi deserti
noi costruiremo con nuovi mattoni.
Ci sono macchine e mani,
e creta per nuovi mattoni,

e calce per nuovo cemento.
Dove i mattoni sono crollati
noi costruiremo con nuovo legno...
C'è un lavoro comune
e c'è una fede per tutti,
un compito per ognuno.
Ogni uomo al suo lavoro»

(Thomas Stearns Eliot, *Ogni uomo al suo lavoro*).

"Il Cristo era rimasto intatto"

Primavera 1945, il Giappone non cede.

6 agosto: gli uomini del bombardiere americano B-29 "Enola gay" ad 8000 metri sul centro di Hiroshima.

In 1 milionesimo di secondo:

→ 86000 persone arse vive

→ 72000 ferite gravemente

→ 6820 case sbriciolate e scagliate in aria dal risucchio,

→ 3750 edifici che crollano e si incendiano

→ raggi di neutroni e raggi gamma per 1 chilometro e mezzo.

Il 9 agosto decollano 3 B-29: sul primo c'è la bomba al plutonio; preme il pulsante il capitano Ashworth che compie 20 anni: sul centro di Nagasaki alle 11:01 (quartiere di Urakami).

Lo scoppio, poi un'onda gelida alla velocità di 1000 km/h, inseguita da un'onda di calore di 6000° rade la città. Sopra la cattedrale una gigantesca palla di fuoco, che sale a razzo nel cielo come un fungo sopra un gambo di 15000 metri.

Una pioggia infernale e poi il buio.

L'assistente del prof. Nagai (radiologo di Nagasaki) si affaccia alla finestra: nel cortile 11 giovanotti scavavano un rifugio.

Adesso ci sono 11 mucchietti di ossa.

Su 10000 cattolici del quartiere, 9000 vengono inceneriti in un attimo.

Per un raggio di 1500 metri, case sparite e strade lastricate fuse in vetro verdognolo.

Della sua casa, dove si trovava la moglie: «Solo le le ceneri. Subito nel punto dove era la cucina, vidi un mucchietto di ossa: frammenti del bacino e della colonna vertebrale. Non c'era altro: solo per terra il suo rosario».

Mette nel secchio e va a piangere dai suoi bambini e dai genitori di lei.

Torna a scavare nella sua casa:

«La croce di legno era stata distrutta dal fuoco, ma il Cristo era rimasto intatto senza la minima deformazione, senza il minimo graffio.

Tutto mi è stato tolto, il Crocifisso solo ho ritrovato».

Indice

Printed by Books on Demand GmbH, Norderstedt / Germany